英式西餐

British Cuisine

张慧 杨正国／编著·何维 张慧 刘玉东／摄影

中国建材工业出版社

图书在版编目（CIP）数据

英式西餐／张慧 杨正国 编著．——北京：
中国建材工业出版社，2005.4
ISBN 7-80159-865-2

Ⅰ.英... Ⅱ.①张...②杨... Ⅲ.西餐-食谱-英国
Ⅳ.TS972.183.561
中国版本图书馆CIP数据核字（2005）第023354号

英式西餐

张 慧 杨正国 编著

出版发行	：	中国建材工业出版社
地 址	：	北京市西城区车公庄大街6号
邮 编	：	100044
经 销	：	全国各地新华书店
印 刷	：	北京印刷集团有限责任公司印刷二厂
开 本	：	889mm×1194mm 1/20
字 数	：	100千字
印 张	：	5
版 次	：	2005年4月第1版
印 次	：	2005年4月第1次
定 价	：	22.00元

本书如出现 问题，由我社发行部负责调换。联系电话：010-88386904

英式西餐

前 言

  随着现代社会的飞速发展，尤其是交通、传媒、通信的快捷便利，地球变的越来越小了。东西方文化交流的日益广泛与深入，使得作为西方饮食文化主流的西餐也逐渐深入到普通百姓的生活中。由于西餐具有用料精细、菜肴香醇、营养搭配合理、烹制工艺简单独特等优点，受到我国大中城市广大消费者特别是年青人的喜爱。为此我们编写了这套丛书，丛书共分俄式、英式、法式、德式、意式、日式、韩式及阿拉伯风格共八种西餐的制作方法。丛书以简洁的文字介绍了简单实用的西餐制作方法近800种，每一款菜肴在介绍制作过程的同时还介绍了关键的厨艺经验，使读者能更好领会作者的意图，更好地掌握西餐的制作技巧。每一款菜肴还配有精美的图片，所用的原材料在市场上都能购买得到，操作方法也简单实用，在餐馆和家庭都可以进行制作。

  丛书虽然是作者多年来西餐制作经验的总结，但也难免有不到之处，真诚地希望专家和读者多多赐教。最后希望读者在提高西餐制作技艺的同时，也体会到西方饮食文化的高雅与华丽之美。

目 录 Contents

1. 奶汁茴香汤　cream of fennel soup 1
2. 蕃茄蘑菇汤　tomato mushraoom soup 2
3. 玉豆玉米汤　maize soup 3
4. 胡萝卜汤　carrot soup 4
5. 南瓜玉米汤　pumpkan maize soup 5
6. 菠菜汤　spinach soup 6
7. 奶汁火腿汤　cream ham soup 7
8. 黑椒牛肉卷　black pepper beef roll 8
9. 蕃茄土豆牛肉汤　tomato potato beef soup 9
10. 什锦鸡蛋汤　assorted egg soup 10
11. 鸡蛋牛肉饼　egg beef pie 11
12. 咖啡牛扒　coffee beef steak 12
13. 奶汁茴香牛扒　cream of fennel beef steak 13
14. 奶汁牛扒　cream beef steak 14
15. 核桃茴香牛扒　walnut fennel beef steak 15
16. 茄汁菜卷　tomato regetable roll 16
17. 奶汁鸡肉饼　cream chicken pie 17
18. 茄汁土豆饼　tomato potato cake 18
19. 奶汁牛肉饼　cream beef pie 19
20. 酥炸芋头饼　explode taro pie 20
21. 软煎虾　fry in shallow oil shrimp 21
22. 原味葡萄　delicious grape 22
23. 红酒葡萄　red wine grape 23
24. 红酒梨块　red wine pear piece 24
25. 玉米蔬菜沙拉　maize regetables salad 25
26. 鸡蛋酸黄瓜沙拉　egg sour cucumber salad 26
27. 赤贝蕃茄沙拉　red cowrie tomato salad 27
28. 菌类沙拉　fungi salad 28
29. 牛肉沙拉　beef salad 29
30. 鸡肉沙拉　chicken salad 30
31. 口磨大虾沙拉　mushroom big shrimp salad 31
32. 苹果大虾沙拉　apple big shrimp salad 32

33. 海底鲜口蘑沙拉　sea food and mushroom salad 33
34. 水果沙拉　frinie salad 34
35. 蔬菜什锦沙拉　rege table salad 35
36. 黑椒章鱼须　black papper octopus 36
37. 芝士烤大虾　cheese to bake prawn 37
38. 红酒八带鱼　red wine octopus 38
39. 角瓜大虾串　big shrimp skewer 39
40. 口蘑章鱼　mushroom octopus 40
41. 奶汁茴香大虾　cream of fennel shrimp 41
42. 红酒牡蛎　red wine oyseer 42
43. 红汁海蚬子　red juice sea food 43
44. 茄汁奶油鲜鱿　tomato buttar cuttle fish 44
45. 茄汁海鲜汤　tomato sea food soup 45
46. 煎蛋茄汁大虾　egg tomato shrimp 46
47. 橙汁茴香大虾　orange fennel shrimp 47
48. 英式烤虾　English to bake shrimp 48
49. 玉米大虾　maize shrimp 49
50. 奶汁牛肉卷　cream beef roll 50
51. 酿馅青椒　green pepper to brew 51
52. 红酒牛肉串　red wine beef skewer 52
53. 黑椒牛肉串　black pepper beef skewer 53
54. 枣酒汁羊排　jujube wine mine steak 54
55. 红焖口蘑羊肉　red braise mushroom and mine steak 55
56. 奶汁茴香羊排　cream of fennel mine steak 56
57. 口蘑土豆饼　mushroom potato pie 57
58. 茄汁鱼肉饼　tomato fish pie 58
59. 红烩鲽鱼　red braise fish 59
60. 红酒松子鱼　red wine pine tree fish 60
61. 苹果焖鱼　apple to brew fish 61
62. 口蘑橙汁晶鱼　mushroom orange fish 62
63. 清煎三纹鱼　fish to fry 63
64. 红酒茄汁鱼　red wine tomato fish 64

65. 南瓜茴香鱼 pumpkin fennel fish 65
66. 奶汁兔肉菜卷 cream babbit meat roll 66
67. 茄汁鱼脯 tomato fish build 67
68. 茄汁鸡肉菜卷 tomato chicken roll 68
69. 奶汁茴香鱼卷 cream of fennel fish build 69
70. 奶汁猪肉菜卷 cream pork roll 70
71. 黑椒牛肉卷 black pepper beef roll 71
72. 口蘑牛肉卷 mushroom beef roll 72
73. 黑椒红酒鸡 black pepper red wine chicken 73
74. 黑椒苹果鲜鱿 black pepper apples squid 74
75. 桃仁鸽脯 kernel pigeon chest 75
76. 奶油角瓜口蘑 cream mushroom west calabash 76
77. 乡村蘑菇 village mushroom 77
78. 茄汁口蘑牛肉 tomato mushroom beef 78
79. 菜花鹌鹑蛋 cauliflower quail egg 79
80. 炒意大利面 fry ltaly noodle 80
81. 虾仁意大利面 shrimp meet ltaly noodle 81
82. 红酒茄盒 red wine eggplant box 82
83. 奶汁茴香牛肉卷 cream of fennel beef roll 83
84. 蕃茄牛肉饼 tomato beef pie 84
85. 奶汁狍子饼 cream roe deer pie 85
86. 串牛里脊 consile beef tender loin 86
87. 口蘑牛扒 mushroom beef steak braise 87
88. 红酒菲力牛肉 red wine beef meat 88
89. 蘑菇青刀豆 mushroom green bean 89
90. 茴香牛扒 fennel beef steak 90
91. 红酒牛扒 red wine beef steak 91
92. 土豆牛扒 potato beef steak 92
93. 胡萝卜焖牛肉球 carrot to brew beef ball 93
94. 鲍鱼蛋饼 salted fish egg cake 94

英式西餐
French Cuisine

奶汁茴香汤
cream of fennel soup

原　料

茴香叶50g、奶油10g、鲜奶1袋、奶汁20g、牛清汤适量。

调　料

盐适量、白胡椒粉0.3g、圆葱碎、西芹碎各15g。

制　法

1. 煎盘放奶油、圆葱碎、茴香叶、西芹碎炒出香味，放入鲜奶、牛清汤、奶汁烧开，加盐、白胡椒粉调味。
2. 将调好口味的汤菜用粉碎机粉碎，倒入汤盘中，放炸好的面包片即可。

厨艺经验

汤的浓度要调和好，不要太浓。

英式西餐

蕃茄蘑菇汤
tomato mushroom soup

原　料

蕃茄肉80g、鲜蘑菇50g、奶油20g、圆葱碎、西芹碎少许、蔬菜高汤500g。

调　料

盐少许，白胡椒粉0.4g、香叶两片、西米蛋10g、白糖适量。

制　法

将煎盘内放入奶油、蕃茄肉、鲜蘑菇、圆葱碎、西芹碎炒出香味，放入汤锅中加入蔬菜高汤烧开，用盐、白胡椒粉等调成咸鲜口味，用粉碎机粉碎，装汤盘中，放入西米蛋调剂口味。

厨艺经验

掌握好蕃茄去皮去籽的方法，使汤有浓度，口感好。

英式西餐
French Cuisine

玉豆玉米汤
maize soup

原　料

熟玉豆60g、熟玉米粒80g、圆葱碎10g、胡萝卜碎20g、西芹碎10g、蔬菜高汤500g。

调　料

盐少许、白胡椒0.3g、香叶2片、白糖1g、橄榄油2g、奶油10g、西米蛋3g。

制　法

煎盘内放橄榄油、奶油、玉豆、玉米粒、香叶、圆葱碎、胡萝卜碎、西芹碎等炒出香味，放入汤罐中加蔬菜高汤煮至熟透，粉碎过滤，用盐、白糖、白胡椒粉、调味，装入汤盘、淋入西米蛋即成。

厨艺经验

慢火熬制使原料酥烂，口味适中。

英式西餐
French Cuisine

胡萝卜汤
carrot soup

原 料

胡萝卜50g、圆葱30g、西芹少许、牛清汤100g、蔬菜高汤400g。

调 料

香叶2片、盐适量、白胡椒粉0.4g、奶油15g。

制 法

胡萝卜切丝、圆葱切碎、西芹切碎，煎盘放入奶油、胡萝卜丝、圆葱碎西芹碎炒出香味。倒入汤锅中放牛清汤、蔬菜高汤，用香叶、盐、白胡椒粉等调味，用粉碎机粉碎过滤，调入奶油提味，倒入汤盘中，淋上西米蛋即成。

厨艺经验

奶油与胡萝卜同炒出香味，火不要大，否则影响汤的口味。

英式西餐
French Cuisine

南瓜玉米汤
pumpkan maize soup

原 料
熟南瓜100g、熟玉米粒50g、圆葱、熟松仁、西芹各10g、蔬菜高汤400g、大蒜5g。

调 料
盐适量、白胡椒粉0.4g、白糖少许、香叶两片、奶油15g、西米蛋少许。

制 法
煎盘内放奶油、熟南瓜碎、玉米粒、圆葱碎、香叶、松仁、西芹碎等炒出香味，倒入汤罐中烧开，慢火煮透，用粉碎机粉碎原料后，放盐、白糖、白胡椒粉调味，倒入汤盘中，放入蒜碎，淋上西米蛋即可。

厨艺经验
粉碎后的原料要用不锈钢萝过滤。然后烧开后调味，装盘。

英式西餐

菠菜汤
spinach soup

原　料

鸡高汤450g、嫩菠菜碎58g、意大利香草2g、圆葱碎适量。

调　料

盐2g、白胡椒粉0.3g、白糖1g、奶油10g、橄榄油5g、西米蛋5g。

制　法

煎盘内放入橄榄油、奶油、圆葱碎炒出香味，倒入汤锅中加入嫩菠菜碎、鸡高汤、意大利香草烧开，用粉碎机将原料带汤一起粉碎，倒回汤锅中慢火煮，用盐、白胡椒粉、白糖等调味，装入汤盘中加入西米蛋即成。

厨艺经验

一定要选较嫩的菠菜大叶制做汤，口味好。

英式西餐

奶汁火腿汤
cream ham soup

原　料

西兰花50g、火腿80g、土豆块40g、牛高汤适量、玉米粒20g、圆葱碎、西芹碎各10g。

调　料

盐2g、白胡椒粉0.4g、鸡精2g、香叶2片、橄榄油5g、奶油10g、奶汁15g。

制　法

煎盘内放入奶油、橄榄油、圆葱碎、炒出香味，倒入汤锅中加牛高汤、奶汁、香叶、土豆块、玉米粒煮透，视土豆块熟透后放入火腿、西兰花烧开，用盐、白胡椒粉、鸡精调味，放西芹碎出锅装盘。

厨艺经验

掌握好各种原料放入汤中的时间，否则影响菜的口味。

英式西餐

黑椒牛肉卷
black pepper beef roll

原　料

牛外脊肉2片300g、奶油土豆泥45g、口蘑10g、酸黄瓜20g、圆葱碎、胡萝卜碎、西芹碎各10g、百里香2g、牛高汤适量。

调　料

盐2g、橄榄油5g、红酒10g、番茄沙司3g、黑椒粗粉2g、白糖2g。

制　法

牛外脊肉2片用拍刀拍平，用盐、黑椒粉、百里香、圆葱碎、胡萝卜碎、西芹碎腌煨，煎盘内放入橄榄油烧热，将腌制好的牛肉卷成卷煎至熟透。盘边配上奶油土豆泥、酸黄瓜、卤口蘑，将煎好的牛肉卷摆放在奶油土豆泥上。用番茄沙司、黑椒粗粉、牛高汤、盐、白糖、红酒制成黑椒汁浇在肉卷上即可。

厨艺经验

卷制牛肉卷时要用竹签固定，使肉卷煎制时不散开。

英式西餐

蕃茄土豆牛肉汤
tomato patato beef soup

原　料

熟牛肉丁 30g、柿子丁 20g、土豆丁 50g、牛高汤 420g、圆葱碎、西芹碎、蒜碎各 10g。

调　料

盐 2g，白胡椒 4 粒、香叶 2 片、奶油 15g、蕃茄沙司 10g、白糖 1g。

制　法

煎盘中放奶油，放入圆葱碎、蕃茄沙司、土豆丁、熟牛肉丁、柿子丁等炒出香味，倒入汤锅中，加入牛高汤、香叶烧煮开，用盐、白胡椒粒、糖等调味，视土豆熟透，放入蒜碎，倒入汤盘中即可。

厨艺经验

在用奶油炒香原料时，火候不要太大，突出牛肉香味。

英式西餐

French Cuisine

什锦鸡蛋汤
assorted egg soup

原 料

熟鸡蛋一个、熟玉米粒20g、土豆块50g、圆葱10g、木瓜20、橄榄果20g、胡萝卜条10g、牛高汤450g、西芹碎10g。

调 料

盐2g、白胡椒粉0.5g、白糖1g、奶油10g、奶汁10g、香叶2片。

制 法

煎盘内放奶油、放入圆葱碎、西芹碎、胡萝卜条、土豆块等炒出香味，倒入汤锅中，放入牛高汤、奶汁、香叶、木瓜、橄榄果用慢火煮至熟透，用盐、白胡椒、白糖等调味，出锅装入汤盘中。

厨艺经验

奶汁的浓度要适中，突出原料的自然香味。

英式西餐
French Cuisine

鸡蛋牛肉饼
egg beef pie

原　料

牛肉馅150g、鸡蛋2个、熟米饭30g、芦笋30g、胡萝卜2个、煮菜花1朵。

调　料

盐2g、白胡椒粉0.4g、圆葱碎、黑胡椒粉适量、橄榄油20g。

制　法

牛肉馅放盐、白胡椒粉、鸡蛋1个、圆葱碎调拌入味，做成元饼，煎盘内放入橄榄油烧热，放入牛肉饼煎至两面上色成熟，摆放在盘中，熟米饭、胡萝卜球、煮芦笋、煮菜花、摆放在牛肉饼旁边。煎一个鸡蛋摆放在牛肉饼上，浇上黑椒汁即可。

厨艺经验

牛肉馅上浆要饱满、使其有嫩度。

英式西餐
French Cuisine

咖啡牛扒
coffee beef steak

原　料

菲力牛肉150g、煮胡萝卜40g、炸土豆条50g、渍紫菜头20g、圆葱碎、胡萝卜碎、西芹碎各10g、牛高汤适量。

调　料

盐2g、黑胡椒粉0.5g、咖啡粉4g、奶汁适量、百里香1g、橄榄油10g、白糖1g、咖啡酒适量。

制　法

将牛肉用拍刀拍松，用盐、黑胡椒粉、百里香、圆葱碎、胡萝卜碎、西芹碎腌制入味，煎盘放入橄榄油烧热，放入牛肉煎熟，盘边配上三种菜码，放上煎熟的牛扒。用奶汁、百里香、咖啡粉、牛高汤、盐、咖啡酒、胡椒粉、白糖制成咖啡汁，浇在牛扒上即可。

厨艺经验

煎制牛扒要用旺火，快速煎至断生，口感好。

英式西餐
French Cuisine

奶汁茴香牛扒
cream of fennel beef steak

原　料

菲力牛扒140g、煮胡萝卜条30g、炸土豆条30g、圆葱碎、胡萝卜碎、西芹碎各10g。

调　料

盐2g、小茴香碎3g、奶汁15g、牛高汤、牛奶适量、白胡椒粉0.4g、橄榄油10g。

制　法

牛扒用拍刀拍松，用圆葱碎、胡萝卜碎、西芹碎、盐、白胡椒粉等腌制入味。煎盘放橄榄油烧热，放入牛扒煎熟，捞出放在盘中，边上放煮胡萝卜条、炸土豆条等配菜。用茴香调制的奶汁浇在牛扒上即为成品。

厨艺经验

调制奶汁茴香时，要掌握好汁的浓度，突出茴香奶香口味。

英式西餐
French Cuisine

奶汁牛扒
cream beef steak

原　料

菲力牛扒150g、煮梨50g、煮葡萄40g、煮菠萝30g、煮紫菜20g、圆葱碎、胡萝卜碎、西芹碎各10g。

调　料

盐3g、白胡椒粉0.4g、红酒3g、奶汁10g、鲜奶、牛高汤适量、白糖1g、橄榄油15g。

制　法

用盐、白胡椒粉、圆葱碎、胡萝卜碎、西芹碎、红酒、白糖腌制拍平的牛扒，使其入味，煎盘内放橄榄油烧热，放入腌好的牛扒煎熟，盘边配上各种煮水果，放上煎好的牛扒，浇上白色的奶油即可成为佳肴。

厨艺经验

制做奶汁时，要用沸牛奶调制，使成品洁白，口感好。

英式西餐

French Cuisine

核桃茴香牛扒
walnut fennel beef steak

原　料

菲力牛肉150g，煮土豆块30g，煮胡萝卜30g、生菜10g、圆葱碎、胡萝卜碎、西芹碎各10g。

调　料

盐2g、黑胡椒粉0.5g、奶油18g、小茴香碎0.2g、核桃10g、奶汁10g、牛高汤适量、橄榄油10g。

制　法

将牛肉拍平用盐、黑胡椒粉、胡萝卜碎、圆葱碎、西芹碎腌制入味。煎盘内放入橄榄油烧热，放入腌好的牛肉煎熟。盘边摆放上煮土豆块、煮胡萝卜块、生菜等，将煎好的牛扒放在一边，浇上用核桃、奶汁、小茴香、盐、胡椒粉、牛高汤制成的沙司即可。

厨艺经验

调制核桃沙司时，要体现出茴香核桃和奶香味。

英式西餐
French Cuisine

茄汁菜卷
tomato regetable roll

原　料

猪里脊肉160g、圆葱碎、口蘑各20g、胡萝卜碎、西芹碎各5g、大头菜叶50g、鸡蛋1个、熟奶油、土豆泥各20g、糖渍紫菜10g。

调　料

番茄沙司4g、盐3g、白胡椒粉0.5g、鸡精少许、奶油10g、鸡高汤适量。

制　法

将大头菜叶用沸水焯透，用凉水过凉待用，猪肉馅加入圆葱碎、口蘑碎、胡萝卜碎、西芹碎、鸡蛋一个、盐、白胡椒粉等一起调拌成馅，用焯好的大头菜叶包卷起来，煎盘内放奶油，将卷好的菜卷煎一面，放鸡高汤、加盐、白胡椒粉、鸡精调味，视菜卷熟透，捞出切段装盘，配上奶油土豆泥、糖渍紫菜即可，然后浇上番茄沙司。

厨艺经验　注意调和肉馅的口味，使肉馅上足浆，使其滑嫩。

英式西餐

French Cuisine

奶汁鸡肉饼
cream chicken pie

原　料

鸡脯肉200g、鸡蛋清3个、牛奶40g、酸黄瓜角一个，渍紫菜18g、煮胡萝卜15g、炸土豆丝15g、煮青豆10g、面包30g、面包渣150g。

调　料

盐3g、鸡精1g、白胡椒粉、奶汁15g。

制　法

鸡脯肉用绞刀绞成泥状，加入鸡蛋清、牛奶、面包调拌均匀，放盐、白胡椒粉、鸡精调味，做成柳树叶形，沾面包渣，放入煎盘中煎熟。盘边用酸黄瓜、渍紫菜、煮胡萝卜、炸土豆丝、煮青豆配上菜码把煎熟的鸡肉饼摆放在菜码旁，浇上奶汁即可。

厨艺经验

鸡肉饼馅要上足浆，保持嫩度，面包渣蘸匀使鸡肉饼形状好看。

英式西餐
French Cuisine

茄汁土豆饼
tomato potato cake

原　料

土豆泥150g、鸡蛋1个、面包渣100g、圆葱碎5g、酸黄瓜角1个、炸土豆丝15g、煮菜花10g、煮胡萝卜条6g。

调　料

盐1.5g、白胡椒粉0.2g、桔皮碎1g、番茄沙司4g、橄榄油20g

制　法

土豆泥加鸡蛋、圆葱碎、桔皮碎、盐、白胡椒粉调拌入味，做成橄榄形，沾面包渣。煎盘内放橄榄油烧热、放入土豆饼煎成金黄色熟透，取出摆在盘中，旁边配上酸黄瓜角一个、炸土豆丝、煮菜花、煮胡萝卜条等配菜，浇上番茄沙司即为成品。

厨艺经验

土豆泥调好味后要搅上劲，然后再做饼，否则容易煎散。

英式西餐
French Cuisine

奶汁牛肉饼
cream beef pie

原　料

牛肉馅150g、鸡蛋2个，煮胡萝卜条6g、煮口蘑4个、煮小土豆2个、柿子1块、圆葱碎5g、面包渣400g、面粉适量、牛奶50g。

调　料

盐2g、白胡椒 0.4g、百里香0.2 g、奶汁15g、橄榄油18g。

制　法

牛肉馅放入鸡蛋一个，圆葱碎，牛奶搅拌均匀，放盐、白胡椒粉、百里香调制入味做成元型饼过三关（蘸面、蘸蛋、蘸面包渣）煎盘烧热放入橄榄油放入牛肉饼煎至熟盘边配上煮胡萝卜条，煮口蘑，煮小土豆、柿子等菜码，将调好口味的奶汁浇在肉饼上即可。

厨艺经验

煎制肉饼两面上色后，放入烤炉里稍烤一会使肉嫩汤足。

英式西餐
French Cuisne

酥炸芋头饼
explode taro pie

原　料

芋头泥150g、面包渣100g、鸡蛋1个、渍紫菜15g、炸土豆片15g、煮青豆20g、面粉10g

调　料

盐2g、白胡椒粉0.2g、桔皮碎1g、番茄沙司4g、橄榄油20g。

制　法

芋头泥加鸡蛋、桔皮碎、盐、白胡椒粉调制入味，做成椭圆型过三关（蘸面、蘸蛋、蘸面包渣）后放入煎盘中煎熟。取平盘一个放煮青豆、炸土豆片、渍紫菜等菜码，放一红椒片点缀，将煎好的芋头饼摆放在上面即可。

厨艺经验

煎盘放入橄榄油烧热后，放入芋头饼煎时一定要掌握好火候。

英式西餐
French Cuisine

软煎虾
fry in shallow oil shrimp

原　料

大虾6个、圆葱25g、西红柿15g、鸡蛋2个、面粉适量。

调　料

盐3g、白胡椒粉0.5g、苹果醋2g、百里香少许、橄榄油20g。

制　法

将大虾去头、皮、虾线后洗净，用刀从背部剖开，用刀尖剁断筋,拍平，用盐、白胡椒粉、苹果醋、百里香腌制，之后蘸面、拖蛋液、放入热油煎盘中煎熟。取一平盘、放圆葱、西红柿做菜码、将煎好的大虾放在盘边即可。

厨艺经验

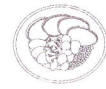

虾肉要用刀尖将筋斩断，受热后不易变形。

英式西餐

原味葡萄
delicious grape

原　料

玫瑰香葡萄200g、红酒50g。

调　料

桂皮2g、香叶2片、糖70g、水适量。

制　法

取不锈钢锅一个，放入洗净的葡萄加入水、红酒、白糖、桂皮、香叶上火烧开，去其浮沫，视煮至葡萄软后，离火自然冷却即可。

厨艺经验

选择稍硬的葡萄煮制，效果最佳。

英式西餐

French Cuisne

红酒葡萄
red wine grape

原　料

龙眼葡萄200g、红酒100g、柠檬1个。

调　料

砂糖120g、桂皮2g、香叶2片。

制　法

取不锈钢锅一个，放入洗净的葡萄，加入红酒、砂糖、桂皮、香叶、煮至熟透，冷却后食用。

厨艺经验

在装盘后，汁可用慢火熬至有浓度为最佳。

英式西餐
French Cuisne

红酒梨块
red wine pear piece

原　料

雪梨块 200g、红酒 80g、水适量。

调　料

砂糖 100g、桂皮 2g、香叶 2 片。

制　法

将雪梨块放入不锈钢锅中加少量水、红酒、砂糖、桂皮、香叶一同煮，视梨熟透回软即可。

厨艺经验

煮制时要用慢火，使汤汁燉浓为最佳。

英式西餐
French Cuisine

玉米蔬菜沙拉
maize regetables salad

原　　料

熟玉米粒100g、紫甘兰丝120g、胡萝卜丝50g、酸黄瓜片60g、橄榄片20g、生菜50g。

调　　料

马乃司60g、圆葱碎20g、盐2g、糖1g、白胡椒粉0.4g、柠檬1片、马乃司酱40g。

制　　法

将净生菜围在盘边，中间放胡萝卜丝、紫甘兰、酸黄瓜片、熟玉米粒、橄榄片等，在上面用马乃司挤成网状，用圆葱碎、盐、糖、白胡椒粉、柠檬汁、马乃司等调制成沙司浇上拌匀即可食用。

厨艺经验

在摆码蔬菜原料时要控净余水，使拌后的菜肴味道好。

英式西餐
French Cuisne

鸡蛋酸黄瓜沙拉
egg sour cucumber salad

原　料

熟鸡蛋两个、酸黄瓜 100g、球生菜丝 100g、胡萝卜丝 50g。

调　料

马乃司 60g、圆葱碎 30g、盐、白胡椒粉各 0.4g、糖 1g、橄榄油少许、核桃沙司 50g。

制　法

将熟鸡蛋用切蛋器切桔子瓣形，摆放在盘边上，中间放球生菜丝、胡萝卜丝、上面摆放酸黄瓜片，用马乃司挤上条纹，用核桃仁、马乃司、圆葱碎、盐、白胡椒粉、糖、橄榄油制成核桃沙司，食用时浇上即可。

厨艺经验

在制好的核桃沙司上用山楂沙司做一个图案，起到美观效果。

英式西餐
French Cuisine

赤贝蕃茄沙拉
red cowrie tomato salad

原　料

熟赤贝 100g、圆葱方块 30g、胡萝卜丝 20g、球生菜片 50g、柿子两个。

调　料

盐 2g、白胡椒粉 0.4g、糖 1g、橄榄油少许、西芹碎 10g、酸黄瓜碎 10g、马乃司 60g。

制　法

净西红柿切片围边，中间摆放圆葱块、胡萝卜丝、球生菜片等，上面摆放熟赤贝，用马乃司挤成大网图案，食用时浇上用盐、白胡椒粉、酸黄瓜碎、西芹碎、橄榄油、马乃司调制的沙司即可。

厨艺经验

在食用海鲜时，一定要熟处理灭菌，菜中没有余水，使之口味最佳。

英式西餐

French Cuisne

菌类沙拉
fungi salad

原　料

水发羊肚菌150g、西红柿50g、球生菜100g、橄榄果15g、熟胡萝卜片10g。

调　料

盐1g、糖1g、白胡椒粉0.4g、圆葱碎、西芹碎、胡萝卜碎各10g、马乃司60g、茴香草5g。

制　法

西红柿三角块摆放盘子两侧，球生菜垫底，上面摆放羊肚菌，上下两边摆胡萝卜片，用马乃司拉上网格，用茴香草、西芹碎、胡萝卜碎、圆葱碎、白胡椒粉、糖、盐、马乃司兑成茴香沙司，食用时沾食即可。

厨艺经验

羊肚菌要用水发方法制好，使之口感，味道一流。

英式西餐
French Cuisine

牛肉沙拉
beef salad

原　料

熟牛肉150g、圆葱块30g、球生菜片30g、胡萝卜片10g、酸黄瓜20g、熟土豆块15g。

调　料

盐2g、白糖1g、柠檬1片，马乃司60g。

制　法

煮胡萝卜片摆码在盘边上，中间堆放圆葱块、球生菜、酸黄瓜片、熟土豆块，上面摆放熟牛肉，挤上马乃司花纹即成，食用时倒入调制稍有酸味的马乃司沙司拌匀即可。

厨艺经验

煮制牛肉时，要有口味，烂而不硬。

英式西餐

French Cuisine

鸡肉沙拉
chicken salad

原　料

熟鸡脯1个100g、酸黄瓜片60g、熟土豆30g、圆葱碎15g、球生菜80g、西红柿60g。

调　料

盐1.5g、糖1g、柠檬1片、橄榄碎5g、马乃司60g、白胡椒粉0.4g。

制　法

柿子切片摆码在盘边上，中间放球生菜、熟土豆、圆葱碎，上面将熟鸡脯改刀，摆码在上面，酸黄瓜片点缀两侧即可，用马乃司拉上花纹美观大方，食用时浇上用盐、白胡椒粉、橄榄碎、柠檬汁、糖调制的马乃司沙司即成。

厨艺经验

煮鸡脯要用整鸡煮，鸡熟后用汤泡制入味，鸡脯形状美观。

英式西餐
French Cuisine

口蘑大虾沙拉
mushroom big shrimp salad

原 料

煮大虾100g、口蘑30g、去皮青瓜30g、西红柿20g、紫甘兰丝20g、桔子1个。

调 料

盐1.5g、糖1g、白胡椒粉0.4g、橄榄碎末5g、酸黄瓜末5g、圆葱碎5g、马乃司60g。

制 法

桔子切片摆码一圈，柿子三角块摆放两侧，中间放口蘑，去皮青瓜片、紫甘兰丝、胡萝卜丝，上边摆码煮好的大虾肉，用马乃司拉上网格。用马乃司、橄榄末、圆葱末、酸黄瓜末、盐、糖、白胡椒粉调制的沙司沾食即可。

厨艺经验

大虾煮制时要去掉虾线，掌握好煮制时间。

英式西餐
French Cuisine

苹果大虾沙拉
apple big shrimp salad

原　料

去皮苹果 60g、熟大虾肉 60g、酸黄瓜 50g、圆葱块 10g、橄榄片 10g。

调　料

盐 1.2g、糖 1g、白胡椒粉 0.4g、马乃司 60g、茴香草 1g。

制　法

去皮苹果切块、酸黄瓜、圆葱块、橄榄片一起放在玻璃碗中，上面摆放上大虾肉用马乃司挤上网格美化菜肴，食用时浇上用马乃司、盐、糖、白胡椒粉、茴香草制成的沙司即可。

厨艺经验

去皮苹果切块后要用淡盐水泡一会儿改变口味，不易褐变。

英式西餐
French Cuisine

海底鲜口磨沙拉
sea food and mushroom salad

原　料

熟海底鲜 80g、西芹片 20g、口蘑 28g、西红柿 10g、酸黄瓜 25g。

调　料

盐 1g、糖 0.8g、白胡椒粉 0.2g、圆葱碎 5g、西芹碎 5g，橄榄碎 5g、马乃司 40g。

制　法

将西芹片打水焯后摆放在盘边上，熟海底鲜去根部摆在中间，酸黄瓜片、口蘑摆在一旁。西红柿片摆放在两侧，然后用马乃司挤上花纹，食用时，用马乃司、盐、糖、白胡椒粉、圆葱碎、西芹碎、橄榄碎调制好的沙司浇上即可。

厨艺经验

海底鲜首先去壳洗净，用料水煮熟，肉质有弹性，随做随用，时间短、效果佳。

英式西餐
French Cuisine

水果沙拉
frinie salad

原　料

去皮苹果块 150g、去皮梨块 50g、西红柿块 30g。

调　料

马乃司 50g、桂皮粉 0.1g、白胡椒粉 0.1g、柠檬 1 片。

制　法

去皮苹果、梨块洗净，放在盆中，加马乃司、桂皮粉、白胡椒粉、柠檬汁拌匀，然后装盘，柿子块点缀在水果块中间，上面挤上马乃司花纹即可。

厨艺经验

苹果块、梨块放入淡盐水中泡一会儿捞出拌制口感好。

英式西餐
French Cuisine

蔬菜什锦沙拉
rege table salad

原　料

球生菜丝80g、胡萝卜丝50g、紫甘兰丝40g、熟玉米粒20g、圆葱丝20g、卷心菜丝20g。

调　料

盐1g、白胡椒粉0.2g、橄榄碎2g、马乃司50g、番茄沙司20g、柠檬1片、白糖1g。

制　法

紫甘兰叶切三角形摆放在盘子一圈，中间放球生菜丝、胡萝卜丝、紫甘兰丝、圆葱丝、卷心菜丝、熟玉米粒等。用马乃司挤成螺旋形，用盐、白胡椒粉、白糖、番茄沙司、马乃司、柠檬汁、橄榄碎兑成粉红沙司，拌匀可食。

厨艺经验

各种蔬菜原料洗净后，控净余水，沙司的浓度要适中。

英式西餐
French Cuisine

黑椒章鱼须
black pepper octopus

原 料

章鱼须180g、炸土豆条50g、生菜1朵。

调 料

盐4g、白胡椒粉0.5g、圆葱块、西芹块、胡萝卜片各15g、香叶2片、百里香1g、黑椒汁20g、奶油10g。

制 法

锅中放入清水，加入圆葱块、西芹块、胡萝卜片、盐、白胡椒粉、百里香烧开，放入章鱼须煮熟入味，捞出.煎盘内放奶油，放入熟章鱼须煎至上色放在盘中，旁边配土豆条、生菜，浇上黑椒汁即可。

厨艺经验

在处理章鱼须时要洗净剥去外皮，然后在煮制入味，用奶油煎一下，食后回香。

英式西餐
French Cuisine

芝士烤大虾
cheese to bake prawn

原　料

奶酪4片、大虾4个、酸黄瓜角一个、炸土豆松20g、渍紫菜28g、口蘑4个。

调　料

盐3g、胡椒粉0.4g、番茄沙司15g、圆葱碎8g、红酒少许。

制　法

大虾去头，从背部切开去虾线，用拍刀拍平，放盐、圆葱碎、胡椒粉、红酒腌制，然后将口蘑放在大虾身上，上面盖上一层奶酪，放入烤炉里烤15分钟，使奶酪溶化，虾肉熟透，取出，盘中间放酸黄瓜、炸土豆松、渍紫菜等配菜，烤好的大虾放在四个角处即可。

厨艺经验

烤炉温度在200℃以上，恒温，烤的虾味鲜美，体现奶酪糊的香味。

英式西餐
French Cuisine

红酒八带鱼
red wine octopus

原　料

八带鱼200g、奶油芦笋尖40根、口蘑2个、花叶生菜1朵。

调　料

番茄沙司10g、红酒20g、圆葱碎、西芹碎、胡萝卜碎各10g、盐2g、白胡椒粉1g、蒜碎适量、奶油15g。

制　法

将八带鱼洗净，煎盘内放入奶油烧化放入八带鱼煎、放圆葱碎、胡萝卜碎、西芹碎、烹入红酒、盐、白胡椒粉、添少许汤煨制，出锅时放入蒜碎。取盘一个放制好的奶油芦笋、口蘑、花叶生菜、将制好的八带鱼放在盘边一侧，浇上余汁即可。

厨艺经验

初步加工的八带鱼，用沸水煮一下，然后洗净杂物再进行烹制。

英式西餐
French Cuisine

角瓜大虾串
big shrimp skewer

原　料

大虾6个、角瓜20g。

调　料

盐3g、胡椒粉0.4g、圆葱碎、西芹碎各10g、红酒2g、橄榄油10g。

制　法

将大虾去头、皮、虾线、清洗干净。用盐、胡椒粉、圆葱碎、西芹碎、红酒等腌制入味；角瓜去皮、瓤，切长方块，稍用盐腌制入味，将角瓜、大虾肉串起来共3串，煎盘内放橄榄油烧热，放串煎熟装盘即可。

厨艺经验

腌制虾肉时，将腌料包在虾肉上腌50分钟，使其入味。

英式西餐

French Cuisine

口蘑章鱼
mushroom octopus

原　料

章鱼须180g、口蘑片15g、胡萝卜丁10g、熟玉米粒18g、橄榄果片5g、芒果丁5g、圆葱碎5g。

调　料

盐2g、糖1g、胡椒粉0.4g、红酒6g、小茴香0.2g、蕃茄沙司5g、奶油20g。

制　法

将洗净的章鱼须，放入锅中加水、盐煮熟。煎盘内放奶油烧热煎至章鱼须入味捞出放入盘中。放圆葱碎、口蘑片、胡萝卜丁、玉米粒、芒果丁、橄榄果片、番茄沙司，添少许汤煮制，放盐、糖、小茴香、胡椒粉调味，视汁浓时，浇在煎制好的章鱼须上即可，用小茴香点缀菜肴。

厨艺经验

将章鱼须一定要煮软烂，否则口感不好。

英式西餐
French Cuisine

奶汁茴香大虾
cream of fennel shrimp

原　料

大虾两只、煮胡萝卜3根、奶油芦笋3根、圆葱碎、西芹碎、胡萝卜碎各10g。

调　料

小茴香2g、奶汁15g、盐2g、白胡椒粉0.3g、牛奶适量、奶油10g、香叶2片。

制　法

大虾去虾线洗净，放入汤缸中加水、盐、西芹、圆葱、胡萝卜、香叶、煮制入味熟透，取出去皮，煎盘内放奶油烧化，放大虾煎一下，取出放盘中，配上煮胡萝卜、奶油芦笋。奶汁加盐、白胡椒粉、小茴香、牛奶等调制成奶汁茴香沙司浇在大虾肉上即可。

厨艺经验

在调制奶汁茴香沙司时，汁的浓度要找好。

英式西餐
French Cuisine

红酒牡蛎
red wine oyseer

原　料

大牡蛎 1 个、炸土豆松 20g、渍紫菜 15g、煮胡萝卜片 8g。

调　料

奶油 15g、圆葱碎 5g、西芹碎 5g、大蒜碎 2g、红酒 20g、橄榄油 10g、白糖 1g、盐 2g。

制　法

将大牡蛎洗净，放入沸水中煮一下。取出牡蛎肉，壳备用，煎盘放入橄榄油烧热，放入圆葱碎、西芹碎、炒出香味，放牡蛎肉、红酒、奶油、盐、胡椒粉、白糖调制成咸鲜微甜口味，倒入壳中，边上配土豆松、渍紫菜、煮胡萝卜片即可。

厨艺经验

牡蛎肉水份较多，煮制时要掌握好火候，不要煮太老。

英式西餐
French Cuisine

红汁海蚬子
red juice sea food

原　料

蚬子120g、玉米粒15g、鱼肉高汤适量，圆葱碎、西芹碎、蒜碎各5g。

调　料

盐1g、白糖1g、白胡椒粉0.3g、奶油10g、蕃茄沙司6g、橄榄油10g。

制　法

蚬子洗净，煎盘放橄榄油烧热，放入蚬子、圆葱碎、蕃茄沙司、西芹碎、玉米粒等炒出香味，加入鱼高汤、盐、糖、白胡椒粉、奶油等调成咸鲜奶香口味，出锅时放入蒜碎。

厨艺经验

选用蚬肉子要一样大的，煎炒时掌握好火候，不要炒的太老易硬。

英式西餐

French Cuisine

茄汁奶油鲜鱿
tomato butter cuttle fish

原 料

鲜鱿 150g、圆葱碎 5g、西芹碎 10g。

调 料

盐 2g、白胡椒粉 0.4g、鸡粉 2g、蕃茄沙司 10g、奶油 10g、红酒 5g。

制 法

将鲜鱿处理干净，剞十字花刀，放入用鸡汤、盐、胡椒、香叶、西芹、圆葱调制好的汤中煮熟透捞出，放在盘中，浇上用蕃茄沙司、盐、白胡椒粉、红酒、鸡粉调制的沙司，煎盘放入奶油烧化，浇在鲜鱿上面即可。

厨艺经验

鲜鱿必须煮制熟烂，否则口感不佳。

英式西餐

茄汁海鲜汤
tomato sea food soup

原　料

鲜蚬子180g、胡萝卜条50g、圆葱碎10g、西芹碎5g、鱼高汤适量。

调　料

盐2g、白胡椒粉0.4g、糖1g、番茄沙司10g、奶油10g、香叶2片。

制　法

将海蚬子洗净,煎盘放奶油烧化,放海蚬子、番茄沙司、胡萝卜条、圆葱碎、西芹碎炒出香味,放入小汤罐加鱼高汤烧开,用盐、白胡椒粉、糖、香味调咸鲜微酸胡辣口味。

厨艺经验

慢火煮制,使汤味浓鲜。

英式西餐
French Cuisine

煎蛋茄汁大虾
egg tomato shrimp

原　料

大虾1个、鸡蛋1个、奶油芦笋尖4根、圆葱碎、胡萝卜碎、西芹碎各10g。

调　料

盐2g、白胡椒粉0.5g、蕃茄沙司10g、小茴香0.2g、奶油10g、香叶2片。

制　法

大虾洗净去虾线，放入小汤罐中加水、盐、胡萝卜碎、圆葱碎、香叶、西芹碎等煮熟，去皮留尾。煎盘放橄榄油烧热，将鸡蛋一个煎熟，放在盘中，将去皮大虾用奶油煎一下摆放在煎蛋边上，配上奶油煎煮的芦笋尖4根，在大虾肉上浇上用蕃茄沙司、小茴香、盐、白胡椒粉、奶油调制的红汁即可。

厨艺经验

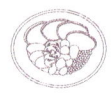

调制红汁沙司要味重一些。

英式西餐
French Cuisine

橙汁茴香大虾
orange fennel shrimp

原　料

大虾两个、煮菜花 50g

调　料

盐 2g、白胡椒粉 0.4g、小茴香 2g、圆葱碎、西芹碎、胡萝卜碎各 10g、红酒 5g、橙汁 10g、橄榄油 10g。

制　法

大虾洗净去虾线，从背部切开拍平，用盐、胡椒粉、圆葱碎、西芹碎、胡萝卜碎、红酒等腌制入味，煎盘放橄榄油烧热，将腌制好的虾煎熟，撒上小茴香沫，盘边摆放煮菜花，放煎好的大虾，淋上用橙汁、圆葱碎、盐、白胡椒粉等调制的橙汁沙司即可。

厨艺经验

腌好的开片大虾，将腌料去掉，煎代壳的一面，背部稍煎即可。

英式西餐
French Cuisine

英式烤虾
english to bake shrimp

原 料

大虾 4 个、酸黄瓜角 1 个、炸土豆松 10g、渍紫菜丝 10g。

调 料

奶酪 4 小片、盐 2g、白胡椒粉 0.4g、柠檬 1 片、胡萝卜碎、圆葱碎、西芹碎各 5g、番茄沙司 10g。

制 法

大虾去头、皮、虾线，然后从背部剖开放盐、白胡椒粉、柠檬汁、圆葱碎、胡萝卜碎、西芹碎腌制入味，之后放入奶酪入烤炉烤熟取出，盘边摆放酸黄瓜、炸土豆松、渍紫菜丝等配料，将烤好的大虾摆放在一边即可。

厨艺经验

在大虾剖开后，用刀尖斩断筋后防止受热变形。

英式西餐
French Cuisine

玉米大虾
maize shrimp

原　料

大虾 2 只、玉米粒 10g、南瓜汁 15g、胡萝卜碎、圆葱碎、西芹碎各 15g。

调　料

盐 1g、白胡椒粉 0.3g、虾高汤适量、糖少许。香叶 2 片、奶油 15g、白胡椒粒 6 粒。

制　法

将大虾去虾线洗净，放入水锅中加圆葱、胡萝卜、西芹、香叶、盐、白胡椒粉煮熟。煎盘放奶油烧化，放入去皮煮好的虾肉清煎一下，取出放盘中，浇上用南瓜汁、玉米、圆葱碎、西芹碎、盐、白胡椒粉、虾高汤等调制的黄色沙司即可。用香料叶点缀菜肴。

厨艺经验

制做黄色沙司时，用奶油将调味原料炒出香味后再调制口味。

英式西餐

French Cuisine

奶汁牛肉卷
cream beef roll

原　料

菲力牛肉100g、火腿80g、酸黄瓜角1个、炸土豆丝30g、糖渍紫菜50g、西红柿20g。

调　料

盐2g、黑胡椒粉1g、圆葱碎、西芹碎、胡萝卜碎各5g、奶汁15g、奶油15g、柠檬1片、百里香0.3g、橄榄油10g。

制　法

菲力牛肉两大片，用拍刀拍薄片，用盐、黑胡椒粉、圆葱碎、胡萝卜碎、西芹碎、柠檬挤汁、百里香等腌制入味，腌好的牛肉片卷火腿肉成牛肉卷，煎盘放入橄榄油烧热，放入卷好的牛肉卷煎至熟透，取出从中间用刀切开放入盘中，配上四种菜码，将调好的奶汁浇上即可。

厨艺经验

牛肉片要拍松，煎制时用急火转入慢火上使肉卷熟透。

英式西餐
French Cuisine

酿馅青椒
green pepper to brew

原 料

青椒60g、牛肉馅150g、橄榄果1个、糖渍紫菜30g、煮玉米粒10g、煮西芹花20g、鸡蛋1个。

调 料

盐2g、黑胡椒粉0.2g、百里香0.1g、圆葱碎5g、牛高汤适量，香叶2片。

制 法

青椒一切两瓣，去籽备用。牛肉馅放入一个鸡蛋、盐、黑胡椒粉、百里香、圆葱碎、橄榄果沫、牛高汤等调制入味，放入青椒中抹平，将酿馅青椒放入烤盘中，放入少量牛高汤、香叶、胡萝卜条等烤制熟透。取出装盘，边上放上菜码即可。

厨艺经验

牛肉馅调味上浆一定要足，使肉嫩味浓。

英式西餐

French Cuisne

红酒牛肉串
red wine beef skewer

原 料

牛里脊肉 200g、胡萝卜条 20g、炸土豆条 15g、糖渍紫菜丝 30g、煮菜花 10g、圆葱片 15g、竹签两根。

调 料

盐 3g、黑胡椒 0.5g、红酒 15g、百里香 0.2g、糖 1g、奶油 15g、橄榄油 20g。

制 法

将牛里脊肉切长片，用盐、黑胡椒粉、百里香、糖等调料腌制，用牛里脊片卷胡萝卜条用竹签串起来，煎盘肉放入橄榄油烧热，放入串煎熟，用奶油、红酒调汁，视串将汁吸入一部分取出装盘配上菜码即可。

厨艺经验

煎好的牛里脊串，放奶油、红酒调味时，火候要急，视汁浓厚为最佳。

英式西餐

French Cuisine

黑椒牛肉串
black pepper beef skewer

原　料

菲力牛肉 240g、元葱片 28g、胡萝卜 15g、竹签两根。

调　料

盐 4g、黑胡椒 0.5g、茴香 0.2g、百里香 0.3g、橄榄果碎 0.3g、牛高汤适量、橄榄油 20g、圆葱碎、胡萝卜碎、西芹碎各 5g、红酒 10g。

制　法

菲力牛肉切长条片，用盐、黑胡椒、圆葱碎、西芹碎、胡萝卜碎、橄榄果碎腌制入味，将腌好的肉卷上胡萝卜条用元葱片间隔串成串。煎盘放入橄榄油烧热，放入串煎熟。取出放在盘中，用黑椒、红酒等高料，制成黑椒口味的沙司，淋在盘边上即可。

厨艺经验

制作黑椒汁要用慢火熬制浓后再用。

英式西餐

French Cuisine

枣酒汁羊排
jujube wine mine steak

原　料

羊排 2 块、煮胡萝卜 10g、炸土豆条 10g、糖渍紫菜丝 10g、煮菜花 6g。

调　料

盐少许、枣酒 10g、红酒 5g、圆葱碎、胡萝卜碎、西芹碎各 5g、百里香 0.2g、香味 2 片、黑胡椒 6 粒。牛高汤透量、糖色少许。

制　法

羊排用盐、百里香、圆葱碎、胡萝卜碎、西芹碎、盐、枣酒腌制入味，煎盘放橄榄油烧热放入羊排煎上色，放入另一个煎盘中添牛高汤、枣酒、红椒、黑胡椒粒、盐、圆葱、香叶、糖色、胡萝卜碎煮制入味，视羊排熟透，取盘一个，放四种菜码。摆上羊排，将煮羊排的汁烧爎浓后浇在羊排上即可。

厨艺经验　汁的色泽要深一些，浓汁味足。

英式西餐

红焖口蘑羊肉
red braise mushroom and mine steak

原　料

去骨羊排肉280g、口蘑30g、胡萝卜块、圆葱块、西芹段各10g。

调　料

盐2g、白胡椒粉0.5g、香味两片、番茄酱5g、奶油10g、牛高汤适量。橄榄油15g、白糖1g。

制　法

将去骨羊排肉用盐、胡椒粉、圆葱碎、胡萝卜碎、西芹碎等腌制入味，煎盘烧热，放少许橄榄油放入腌好的羊肉煎上色出糊香味，后捞入汤锅中加入炒香的番茄酱、口蘑、胡萝卜块、西芹段、圆葱块、牛高汤香叶、盐、白胡椒粉、白糖等焖制熟透。捞出装盘。将汁浇上即可。

厨艺经验

焖好的羊排肉捞入盘内，放焖肉汁加奶油慢火将汁收浓为佳。

英式西餐
French Cuisine

奶汁茴香羊排
cream of fennel mine steak

原　料

带骨羊排4块、煮土豆球两个、炸土豆松15g、柿子两块、面包渣150g、鸡蛋2个、白粉适量。

调　料

盐2g、白胡椒粉0.3g、茴香0.3g、百里香0.2g、圆葱碎、胡萝卜碎、西芹碎各5g、橄榄油10g、奶汁20g。

制　法

将带骨羊排用拍刀拍松，放盐、白胡椒粉、百里香、圆葱碎、胡萝卜碎、西芹碎等调料腌制入味，蘸面、蘸蛋、蘸面包渣。备用，煎盘放入橄榄油烧热，放入羊排煎炸制熟。取盘放入煮土豆球、炸土豆松、柿子块、煎炸好的羊排摆放在一侧，浇上奶汁茴香制的沙司即可。

厨艺经验

在制做羊排时，要去掉板筋使原料保嫩度。

英式西餐
French Cuisine

口蘑土豆饼
mushroom potato pie

原 料
熟土豆泥 150g、圆葱碎 15g、口蘑 20g、鸡蛋清两个。

调 料
白胡椒粉 0.3g、盐 2g、番茄少许 15g、奶油 10g、茴香沫 0.2g、橄榄油 15g、糖 0.5g。

制 法
熟土豆泥加入盐、奶油、白胡椒粉、鸡蛋清、圆葱碎搅拌均匀，做成椭圆形土豆饼备用，煎盘放入橄榄油烧热，放土豆饼煎至金黄色熟透取出装盘，煎盘放少许奶油，放口蘑片、番茄沙司、盐、糖、元葱碎、茴香沫等制成口蘑汁，浇在土豆饼上即成。

厨艺经验
土豆泥调好味后，搅制时要有一定粘度，煎饼时不容易散。

英式西餐

茄汁鱼肉饼
tomato fish pie

原　料

海鱼肉泥220g、鸡蛋清两个、酸黄瓜角一个、炸土豆条10g、煮胡萝卜条15g。

调　料

盐3g、白胡椒粉0.5g、匈牙利红椒粉少许、红椒碎2g、圆葱碎5g、蕃茄沙司10g、西芹碎5g、鱼高汤适量、奶油15g、大蒜碎5g。

制　法

海鱼肉泥放入鸡蛋清、盐、胡椒粉、圆葱碎、鱼高汤等调均匀成馅，放圆模具中煮熟，取出切段码在盘边上，配煮胡萝卜条、炸土豆条、酸黄瓜角等。煎盘放入奶油烧化，放圆葱碎、红椒碎、西芹碎、大蒜碎、蕃茄沙司炒出香味，添少许鱼高汤、盐、胡椒粉、红椒粉调味后，视汁浓后浇在鱼饼上即可。

厨艺经验　调制鱼肉饼要上足浆口，使肉饼软嫩。

英式西餐
French Cuisine

红烩鲽鱼
red braise fish

原　料

深海鲽鱼220g、鸡蛋两个、面粉适量、圆葱碎、胡萝卜碎、西芹碎各5g。

调　料

盐3g、白胡椒粉0.4g、蕃茄沙司10g、橄榄油15g、奶油10g、鱼高汤适量。

制　法

鲽鱼肉4块，用盐、胡椒粉、圆葱碎、胡萝卜碎、西芹碎等调料腌喂备用。腌后的鱼块醮面、醮鸡蛋放入煎盘中煎金黄后取出待用。煎盘放奶油，放入圆葱碎炒出香味，加蕃茄沙司、鱼高汤、煎好的鱼块、盐、白胡椒粉等，调咸鲜微酸口味，鱼熟透后取出装盘即可。

厨艺经验

煎鱼时，火旺一些，使蛋液紧紧包住鱼块，烩制时，不易脱落。

英式西餐

French Cuisne

红酒松子鱼
rde wine pine tree fish

原　料

银雪鱼一块，熟松籽20g，面粉适量，圆葱碎、胡萝卜碎、西芹碎各 5g。

调　料

盐2g、白胡椒粉0.5g、橄榄油15g、红油10g、奶油15g。

制　法

银雪鱼用盐、白胡椒粉、圆葱碎、胡萝卜碎、西芹碎等腌制入味，煎盘放橄榄油烧热，将腌好的鱼蘸白面煎金黄色取出。煎盘放入奶油、放圆葱碎、松籽仁炒出香味烹入红酒、放煎好的鱼焖制，放盐、胡椒粉等调味，视鱼汁浓厚，取出放入盘中。

厨艺经验

利用红酒的自然颜色及鱼的自然色加上松籽仁的自然色彩，使菜肴诱人食欲。

英式西餐
French Cuisine

苹果焖鱼
apple to brew fish

原 料
银鳕鱼一块200g、苹果片50g、鸡蛋2个、面粉适量、鱼高汤适量。

调 料
盐2g、白胡椒粉0.3g、番茄沙司15g、奶油10g、橄榄油15g、小茴香碎1g、圆葱碎、胡萝卜碎、西芹碎各5g。

制 法
银鳕鱼用盐、白胡椒粉、圆葱碎、胡萝卜碎、西芹碎等腌制，然后再蘸白面、蘸鸡蛋液放入煎盘中加橄榄油煎两面金黄色取出。煎盘放奶油烧化，放圆葱碎、苹果片、番茄沙司炒香添鱼高汤，放入煎好的鱼，用盐、白胡椒粉等调味，视汤汁浓厚，鱼肉熟透装盘即可。

厨艺经验
苹果熟后有特殊酸味；口味独特。

英式西餐

French Cuisine

口蘑橙汁晶鱼
mushroom orange fish

原　料

晶鱼段 150g、口蘑 30g。

调　料

盐 1.5g、白胡椒粉 0.2g、虾夷葱 5g、圆葱碎、胡萝卜碎、西芹碎各 5g、橄榄油 15g、奶油 10g、橙汁 15g。

制　法

晶鱼段用盐、白胡椒粉、圆葱碎、西芹碎、胡萝卜碎腌制，煎盘放橄榄油烧热，放腌好的晶鱼煎上色至熟，放入盘中，煎盘放入奶油放圆葱碎、口蘑片、橙汁、盐、白胡椒粉调制口蘑橙汁沙司，浇在晶鱼上撒上虾夷葱碎即可。

厨艺经验

煎鱼时先用旺火热油煎至上色，后用慢火煎熟。

英式西餐
French Cuisine

清煎三文鱼
fish to fry

原　料

三文鱼 3 块 225g、圆葱碎、西芹碎、胡萝卜碎各 5g。

调　料

盐 2g、白胡椒粉 0.3g、奶油 10g、橄榄油 15g、红酒 10g、糖色少许，鱼高汤适量，柠檬 1 片。

制　法

将三文鱼用盐、白胡椒粉、圆葱碎、西芹碎、胡萝卜碎、柠檬汁等腌喂，煎盘放入橄榄油烧热，放入腌好的三文鱼煎熟，取出装盘，用各种鲜蔬菜点缀，取煎盘放入奶油烧化，放入用红酒、圆葱碎、盐、白胡椒粉、糖色、鱼高汤等制成的调味汁，淋在鱼及盘子中即可。

厨艺经验

三文鱼要多腌一会，煎时要用旺火转慢火煎熟。

英式西餐
French Cuisine

红酒茄汁鱼
rde wine tomato fish

原　料

银鳕鱼一块260g、鸡蛋2个、面粉适量、煮胡萝卜2块、煮葡萄30g。

调　料

盐2g、胡椒粉0.5g、圆葱碎、西芹碎、胡萝卜碎各5g、红酒10g、蕃茄沙司15g、松籽5g、奶油15g、橄榄油10g、鱼高汤适量。

制　法

银鳕鱼一块，用盐，白胡椒粉、圆葱碎、胡萝卜碎、西芹碎、红酒等腌制入味。将腌好的鱼醮面、醮鸡蛋液放到烧热油的煎盘中煎至两面金黄色取出，煎盘放入奶油、放圆葱碎、松籽仁、蕃茄沙司、红酒、鱼高汤烧开，放入煎好的鱼，加盐、白胡椒粉调味，慢火将鱼煨透至熟，装盘。

厨艺经验　焖鱼时，红酒、蕃茄沙司的浓度要适中。

英式西餐
French Cuisine

南瓜茴香鱼
pumopkin fennel fish

原　料

晶鱼块160g、圆葱碎、胡萝卜碎、西芹碎各5g。

调　料

盐1.8g、白胡椒粉0.2g、南瓜汁15g、茴香0.3g、奶油15g、橄榄油15g。

制　法

将晶鱼用盐、白胡椒粉、圆葱碎、西芹碎、胡萝卜碎等腌制入味，煎盘放橄榄油烧热，放腌好的鱼煎至熟透。煎盘放奶油烧化，放圆葱碎炒出香味，放南瓜汁、茴香、盐、白胡椒粉等调制南瓜茴香沙司，将煎熟的鱼装盘，浇上南瓜茴香沙司即可。

厨艺经验

在调制南瓜茴香沙司时，将汁用慢火熬制有一定浓度时为最佳。

英式西餐

French Cuisine

奶汁兔肉菜卷
cream babbit meat roll

原　料

兔肉馅 150g、大头菜叶 50g、圆葱碎、胡萝卜碎、西芹碎各 5g、鸡蛋 1 个、酸黄瓜角 1 个、西红柿块 2 块、糖渍紫菜 15g、煮玉米粒 5g、鸡高汤适量。

调　料

盐 2g、白胡椒粉 0.4g、鸡精 0.3g、鸡高汤适量、橄榄油 15g、奶汁 15g。

制　法

将兔肉馅加一个鸡蛋、盐、胡椒粉、圆葱碎、胡萝卜碎、西芹碎，等调拌入味，放入焯好的大头菜叶中卷起来，放入煎盘中加鸡高汤煮熟。取出改刀装盘，配上酸黄瓜、西红柿、糖渍紫菜、煮玉米粒等菜码，浇上奶汁沙司即可。

厨艺经验

在煮制菜卷时，火要慢，不要让卷煮散开了。

英式西餐
French Cuisine

茄汁鱼脯
temato fish build

原　料

鲽鱼肉180g、圆葱碎、胡萝卜碎、西芹碎各5g、橄榄油15g。

调　料

盐2g、白胡椒粉0.3g、番茄沙司15g、糖1g、奶油10g、鱼高汤适量、红酒适量。

制　法

鲽鱼肉用盐、白胡椒粉、圆葱碎、胡萝卜碎、西芹碎腌制入味，煎盘放橄榄油烧热放腌好的鱼肉煎熟，取出装盘，另取煎盘放入奶油烧化，放圆葱碎炒出香味，放番茄沙司、盐、糖、白胡椒粉、红酒、调制咸鲜微酸甜口味，浇在鱼上即可。

厨艺经验

在选择鲽鱼肉时，要去掉大刺，煎制时先用旺火，后用慢火煎熟。

英式西餐

French Cuisine

茄汁鸡肉菜卷
tomato chickeu roll

原　料

鸡肉馅150g、鸡蛋1个、大头菜叶180g、圆葱碎、胡萝卜碎、西芹碎各5g。

调　料

白胡椒粉0.3g、盐2g、番茄沙司10g、鸡高汤适量、香叶两片、奶油10g、橄榄油15g、圆葱圈10g。

制　法

鸡肉馅加圆葱碎、鸡蛋一个、盐、白胡椒粉、鸡高汤调制入味后，用焯好的大头菜叶卷成菜卷，放入烤盘中加鸡高汤、香叶、盐、圆葱圈、番茄沙司、白胡椒粉调味后，烤15分钟即熟取出装盘即可。

厨艺经验

掌握好烤炉的温度，兑制汤汁时，先用煎盘加奶油炒香元葱，兑好口后再烤制。

英式西餐

French Cuisine

奶汁茴香鱼卷
cream of fennel fish build

原　料

鲽鱼肉150g、圆葱碎、胡萝卜碎、西芹碎各5g、橄榄油适量。

调　料

盐3g、白胡椒粉0.4g、奶汁15g、法香碎0.4g、茴香碎0.3g、糖1g、鲜奶适量。

制　法

将鲽鱼肉用盐、白胡椒粉、圆葱碎、胡萝卜碎、西芹碎腌制入味，煎盘放入橄榄油烧热放入鲽鱼肉煎至两面上色至熟取出装盘。另取煎盘，放奶油、圆葱碎炒出香味，加盐、白胡椒粉、白糖调味，放入法香碎、茴香碎调制特别口味，浇在鱼身上即成。

厨艺经验

在兑制法香茴香少司时，要体现出香料的自然香味，配合鱼本身的鲜味，达到香飘餐厅。

英式西餐
French Cuisine

奶汁猪肉菜卷
cream pork roll

原 料

猪肉馅150g、鸡蛋1个、焯好的大头菜叶3片、圆葱碎、胡萝卜碎、西芹碎各5g。

调 料

盐2g、白胡椒粉0.3g、奶汁15g、奶油15g、鸡蛋汤适量、香叶两片。

制 法

猪肉馅加盐、白胡椒粉，圆葱碎、胡萝卜碎、西芹碎鸡高汤调拌成馅料，用大头菜叶卷肉馅卷成卷，煎盘放橄榄油烧热将卷好的卷稍煎一下，添鸡高汤加盐、白胡椒粉、香叶，煮熟取出装盘，浇上兑好口味的奶汁沙司即可。

厨艺经验

在卷制鸡肉卷时，要将封口处用蛋液封好，不易散开。

英式西餐
French Cuisine

黑椒牛肉卷
black pepper beef roll

原 料

菲力牛肉 150g、圆葱碎、胡萝卜碎、西芹碎各 5g、煮胡萝卜球 3 个。

调 料

盐 2g、黑胡椒粉 0.4g、红酒 10g、奶油 10g、百里香 0.3g、橄榄油 15g、牛高汤适量。

制 法

将牛肉片用盐、百里香、圆葱碎、胡萝卜碎、西芹碎等腌制入味后，卷成卷用竹签别好，煎盘放橄榄油烧热，放入牛肉卷煎熟，取出放入盘中，配上煮胡萝卜，煎盘烧热放入奶油，圆葱碎、黑胡椒粉、盐、红酒、牛高汤用慢火熬至汁浓浇在牛肉卷上即可。

厨艺经验

卷牛肉卷时要将腌制碎料都卷进去提升牛肉兹味。

英式西餐
French Cuisine

口蘑牛肉卷
mushroom beef roll

原　料

菲力牛肉75g、口蘑40g、圆葱20g、煮胡萝卜球2个、煮口蘑2个、煮鸡蛋1个。

调　料

盐2g、黑胡椒粉0.4g、牛高汤适量、红酒10g、奶油15g、橄榄油10g。

制　法

牛肉用拍刀拍大片，用盐、黑胡椒粉、圆葱碎、腌制入味后，放煮鸡蛋卷成卷。煎盘放入橄榄油烧热，将牛肉蛋卷煎熟取出放入盘中，边上配上胡萝卜球，圆葱圈、煮口蘑。另取煎盘放入奶油炒圆葱碎，口蘑片，加红酒、盐、黑胡椒粉牛高汤煮制成浓汁，浇在肉蛋卷上即可。

厨艺经验　腌制入味的牛肉卷熟鸡蛋时，要用竹签别紧封口，不要散开，煎时少放油旺火煎，定型后放多点油，慢火煎熟。

英式西餐
French Cuisine

黑椒红酒鸡
black pepper red wine chicken

原　料

鸡脯肉1个、奶油芦笋4根、煮胡萝卜2根、煮玉米粒10g、圆葱碎、西芹碎、胡萝卜碎各5g。

调　料

盐3g、黑胡椒粉0.5g、鸡高汤适量、鸡精1.5g、红酒10g、糖色少许。

制　法

将鸡脯肉放盐、圆葱碎、白胡椒粉、鸡粉、西芹碎、胡萝卜碎腌制入味，放入烤盘中用慢火烤熟，取出放入盘中，边上配奶油芦笋、煮胡萝卜、煮玉米粒、煎盘烧热，放奶油加圆葱碎、鸡高汤、盐、黑胡椒粉、红酒等调味品，慢火将汁熬浓浇在鸡脯上即可。

厨艺经验

烤制鸡脯时，要用慢火长时间制熟保持鸡肉嫩度。

英式西餐
French Cuisine

黑椒苹果鲜鱿
black pepper apples squid

原 料

鲜鱿鱼1个、猪肉馅100g、圆葱碎、西芹碎、胡萝卜碎各5g、酸黄瓜角2个、煮胡萝卜丁10g。

调 料

西红柿20g、法香2朵、盐3g、糖1.5g、黑胡椒粉0.4g、奶油15g、橄榄油15g、苹果碎40g、牛高汤适量、香叶2片、红酒5g。

制 法

将鲜鱿洗净控净余水，猪肉馅放盐、黑胡椒粉、圆葱碎、胡萝卜碎、西芹碎调拌成馅后放入鱿鱼中，用竹签将口封上，煎盘放橄榄油烧热，放入鲜鱿卷煎两面，放牛高汤，加盐、圆葱、香叶、胡椒粉等煮熟，取出改刀装盘，边上配酸黄瓜、煮胡萝卜、西红柿，浇上用奶油、牛高汤、苹果黑椒、红酒等调制的沙司即可。

厨艺经验

用肉馅酿制时，别放得太满，煎时鱿鱼收缩很大，容易破肚。

英式西餐
French Cuisine

桃仁鸽脯
kernel pigeon chest

原　料

鸽脯肉100g、鸡蛋1个、面粉适量、圆葱碎、西芹碎各3g。

调　料

橄榄油20g、奶油15g、盐2g、白胡椒粉0.4g、桃仁沙司15g、法香碎0.3g。

制　法

将鸽脯肉切小块、放盐、圆葱碎、西芹碎腌喂、放蛋黄、面粉、奶油抓糊待用，煎盘放入橄榄油烧热，放入抓糊的鸽脯肉煎熟。取出装盘，边上配上西红柿，黄瓜片、圆葱，浇上桃仁沙司即可。

厨艺经验

核桃仁炒香，加入牛奶粉碎，熬制时放盐、白胡椒粉、圆葱碎等调味、突出桃仁香味。

英式西餐

French Cuisine

奶油角瓜口蘑
cream mushroom west calabash

原　料

角瓜条100g、口蘑片10g、奶油20g。

调　料

盐2g、白胡椒粉0.4g、鸡粉1g、圆葱碎、西芹碎各5g、鸡高汤适量、蒜碎5g。

制　法

煎盘放入奶油，放圆葱碎、炒出香味、放角瓜条、口蘑片、添少许鸡高汤，用盐、白胡椒粉、鸡粉调味、用慢火慢慢将角瓜条喂软，视汁浓时放蒜碎出勺装盘。

厨艺经验

炒出奶油香味，不要用旺火炒，否则味道不佳。

英式西餐

乡村蘑菇
village mushroom

原　料

华仔蘑100g、鲜香菇70g、玉米粒20g、圆葱碎、胡萝卜碎、西芹碎各5g。

调　料

盐1.5g、糖1g、白胡椒粉0.4g、鸡高汤适量、油面适量、奶油15g、鸡粉1g。

制　法

锅内放水烧开，放入蘑菇煮熟，捞出控净余水，煎盘放奶油、圆葱碎炒出香味，放入煮好的蘑菇、玉米粒、胡萝卜碎、西芹碎、添鸡高汤、加盐、白胡椒粉、糖、鸡粉等调成鲜口味、用油面勾芡即可装盘。

厨艺经验

在炒制时，掌握好放汤的量，汤汁不易太多，似有似无为最佳。

英式西餐

French Cuisine

茄汁口蘑牛肉
tomato musbroom beef

原　料

牛肉片 150g、口蘑片 50g、圆葱碎 10g、胡萝卜片 5g。

调　料

盐 2g、白胡椒粉 0.4g、奶油 10g、橄榄油 15g、番茄酱 10g、糖 1g、牛高汤适量。

制　法

煎盘内放橄榄油烧热，放入牛肉片炒变色后放圆葱碎、胡萝卜片、口蘑片、番茄酱、盐、糖、白胡椒粉、牛高汤等调料，视牛肉熟后汁挂在肉上即可装盘。

厨艺经验

选择嫩一些的牛肉，炒出香味后再用各种调料调味，出盘前放奶油。

英式西餐

French Cuisine

菜花鹌鹑蛋
cauliflower quail egg

原　料

熟鹌鹑蛋100g、菜花150g、圆葱碎、西芹碎、胡萝卜碎各5g。

调　料

盐3g、白胡椒粉0.4g、鸡粉2g、鸡高汤适量、奶油25g。

制　法

将菜花放入水中煮熟备用，煎盘放奶油烧化，放圆葱碎、胡萝卜碎、西芹碎炒出香味，放煮好的菜花，熟鹌鹑蛋，放少许鸡高汤、加盐、白胡椒粉、鸡粉调味，出盘前放少许奶油。

厨艺经验

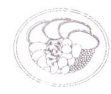

此菜体现奶油香味，菜花吸足奶油口感口味最佳。

英式西餐

French Cuisine

炒意大利面
fry italy noodle

原　料

意大利面 100g、圆葱碎、西芹碎各 5g。

调　料

番茄沙司 10g、奶油 15g、橄榄油 10g、盐 1.5g、糖 1g、白胡椒粉 0.4g、鸡高汤适量。

制　法

将意大利面用火煮熟透捞出备用，煎盘放橄榄油烧热，放入圆葱碎、西芹碎、煮好的面翻炒均匀，放番茄沙司、奶油鸡高汤、盐、糖、白胡椒粉炒拌均匀，视汁都挂在面条上即可取出装盘。

厨艺经验

煮面时一定要煮熟透，炒出的面亮而不碎。

英式西餐
French Cuisine

虾仁意大利面
shrimp meet italy noodle

原　料

意大利面100g、大虾肉60g、红椒5g、圆葱碎、西芹碎、蒜碎各5g。

调　料

盐2g、糖1g、番茄沙司15g、奶油10g、橄榄油15g、红酒少许鸡高汤适量。

制　法

将意大利面煮熟控净余水备用，大虾肉用沸水焯一下捞出备用，煎盘放入橄榄油烧热，放圆葱碎、西芹碎炒出香味，放煮好的面、虾肉、加奶油、番茄沙司鸡高汤、盐、白胡椒粉、红酒、糖炒拌均匀，视汤汁浓厚挂在面上即可放入蒜碎炒匀装盘。

厨艺经验

在炒面过程中，鸡高汤不要加太多否则影响质量及口感。

英式西餐
French Cuisine

红酒茄盒
red wine eggplant box

原　料

大圆茄子70g、牛肉馅60g、圆葱碎、西芹碎各5g、鸡蛋1个、面粉适量。

调　料

盐2g、白胡椒粉0.4g、红酒10g、番茄沙司10g、红椒少许、牛高汤适量、鸡粉1g。

制　法

茄子制成茄子夹，猪肉馅加盐、白胡椒粉、鸡粉、少许蛋液、圆葱碎、牛高汤调制成馅，放入茄子夹中，蘸面、拖蛋、放入煎盘中煎至两面金黄色取出。再用烤炉稍烤至熟取出装盘，浇上用红酒、盐、糖、圆葱碎、奶油、番茄沙司调制的红酒沙司即可。

厨艺经验　煎茄盒时，只要求两面色彩好看，不一定要熟，之后放烤盘中烤一会熟透即可。

英式西餐
French Cuisine

奶汁茴香牛肉卷
cream of fennel beef roll

原 料

菲力牛肉100g、熟鸡蛋1个、圆葱碎、西芹碎、胡萝卜碎各5g、炸土豆片20g、煮胡萝卜15g、生菜1朵。

调 料

盐2g、白胡椒粉0.4g、糖1g、茴香碎1g、奶汁15g、牛奶适量、橄榄油15g、奶油10g。

制 法

牛肉大片用盐、白胡椒粉、圆葱碎、西芹碎、胡萝卜碎腌制入味，然后将熟鸡蛋一个包起来成牛肉蛋卷，用竹签穿好封口，煎时不散。煎盘放橄榄油烧热，放牛肉蛋卷煎至熟透，取出一切两半放在盘中配炸土豆片、煮胡萝卜块、生菜等配菜浇上奶汁茴香沙司即可。

厨艺经验

将牛肉要用拍刀拍松，便于入味。

英式西餐
French Cuisine

蕃茄牛肉饼
tomato beef pie

原　料

牛肉馅150g、鸡蛋1个、圆葱碎、胡萝卜碎、西芹碎各5g、煮胡萝卜片、煮土豆片各15g、炸土豆松10g、面包渣100g。

调　料

盐2g、胡椒粉0.4g、百里香0.3g、橄榄油20g、奶油10g、蕃茄沙司10g。

制　法

将牛肉馅加盐、黑胡椒粉、鸡蛋、圆葱碎、西芹碎、胡萝卜碎搅拌均匀成馅。然后做成圆饼过三关后备用（醮面、醮蛋、醮面包渣）使面包渣均匀，煎盘放橄榄油烧热，将肉饼煎两面深红色至熟取出装盘，边上配煮胡萝卜、煮土豆、炸土豆松等配菜，浇上蕃茄沙司及奶油即可。

厨艺经验

在调制肉馅时，一定要吃足浆保证牛肉饼的嫩度。

英式西餐
French Cuisine

奶汁狍子饼
cream roe deer pie

原　料

狍子肉馅580g、圆葱碎50g、炸土豆块50g、元葱40g、面包渣200g。

调　料

盐4g、黑胡椒粉2g、鸡蛋4个、牛高汤适量、百里香0.3g、奶油78g、橄榄油50g。

制　法

将狍子肉馅加盐、黑胡椒粉、牛高汤、奶油、鸡蛋、圆葱碎，调拌均匀，然后做成圆饼蘸面包渣待用。煎盘放橄榄油烧热，将蘸面包渣的狍子饼煎熟，摆放在盘中，边上配炸土豆块、元葱、黄瓜等，浇上奶汁沙司即为成品。

厨艺经验

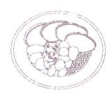

狍子肉比较瘦,脂肪含量底在调制馅料时加入奶油补充香度。

英式西餐

French Cuisine

串牛里脊
consile beef tender loin

原 料

牛里脊肉150g、竹签两根、圆葱碎、西芹碎、胡萝卜碎各5g、炸土豆20g、渍紫菜10g、煮胡萝卜10g、元葱块15g。

调 料

盐2g、黑胡椒粉0.4g、百里香0.2g、橄榄15g、柠檬1片。

制 法

牛里脊切片，用盐、黑胡椒粉、圆葱碎、西芹碎、胡萝卜碎腌制入味，然后将腌好口的牛肉片卷胡萝卜条加圆葱串起来备用。煎盘放橄榄油烧热，放入牛里脊串煎至熟透取出装盘，边上配炸土豆片、渍紫菜、煮胡萝卜等配菜即可，挤上鲜柠檬汁。

厨艺经验

煎时要用少量油煎，保持牛肉嫩度。

英式西餐

口蘑牛扒
mushroom beef steak braise

原 料

菲力牛扒150g、口蘑碎50g、圆葱碎、西芹碎、胡萝卜碎各5g。

调 料

盐2g、黑胡椒粉0.3g、橄榄油15、红酒10g、奶油10g、牛高汤适量。

制 法

菲力牛扒拍松,用圆葱碎、西芹碎、胡萝卜碎、盐、黑胡椒粉等腌制备用,煎盘放橄榄油烧热,将腌好的牛扒煎至熟透取出装盘,浇上用口蘑碎、奶油、牛高汤、红酒、黑胡椒粉兑成的沙司即可。

厨艺经验

牛扒腌制后,要用旺火煎制,少放油,保持嫩度。

英式西餐
French Cuisine

红酒菲力牛肉
red wine beef meat

原　料

菲力牛肉160g、圆葱碎、胡萝卜碎、西芹碎各5g。

调　料

盐2g、红酒10g、白糖1g、番茄沙司10g、香叶2片、橄榄15g、黑胡椒粒0.4g、牛高汤适量。

制　法

将牛肉拍平，用盐、黑胡椒粉、圆葱碎、胡萝卜碎、西芹碎腌喂，用煎盘煎至两面上色取出备用。煎盘放入奶油，放圆葱碎、煎好的牛肉、番茄沙司、牛高汤、红酒、盐、黑胡椒粉、香叶、白糖等调味，用慢火煨熟牛肉视汤汁浓后装盘。

厨艺经验

原汁原味使牛肉入味，先急火煎上色然后焖至熟透。

英式西餐
French Cuisine

蘑菇青刀豆
mushroom green bean

原 料

青刀豆100g、蘑菇100g、圆葱碎、西芹碎、红椒碎各5g。

调 料

盐2g、胡椒粉0.3g、奶油10g、番茄沙司10g、蔬菜高汤适量、炒面5g、橄榄油15g。

制 法

将青刀豆、蘑菇切成片，用水焯熟，放在一边待用。煎盘内放入橄榄油，烧热后放入圆葱碎、西芹碎、红椒碎、青刀豆、蘑菇，一起翻炒，再放入番茄沙司、蔬菜高汤、炒面，小火炒制汤汁浓稠时，放入盐、胡椒粉和奶油调味即装盘。

厨艺经验

青刀豆要用水焯熟透，去其苦味。

英式西餐

茴香牛扒
fennel beef stak

原 料

菲力牛扒 150g、小茴香碎 10g、圆葱碎、西芹碎各 5g。

调 料

盐 2g、黑胡椒粉 0.3g、橄榄油 15g、俄力冈 2g。

制 法

把菲力牛扒拍松,用圆葱碎、西芹碎、小茴香碎、俄力冈、黑胡椒粉、盐,腌喂待用,煎盘放入橄榄油烧热,将腌喂好的牛扒煎至熟透时撒上小茴香碎即可食用。

厨艺经验

牛肉扒要用旺火少油煎制,使牛扒软嫩。

英式西餐

红酒牛扒
red wine beef steak

原 料

菲力牛扒150g、红酒10g、圆葱碎、西芹碎、胡萝卜碎各5g。煮胡萝卜球50g。

调 料

盐2g、黑胡椒粉0.3g、橄榄油15g、番茄沙司10g、俄力冈2g、牛高汤适量。

制 法

把菲力牛扒拍松，用圆葱碎、西芹碎、胡萝卜碎、俄力冈、黑胡椒粉、盐，腌制待用。煎盘放入橄榄油烧热，将腌制好的牛扒煎熟装入盘中配煮胡萝卜球，然后再浇上用盐、番茄沙司、牛高汤、红酒、黑椒粉兑成的沙司汁即可。

厨艺经验

牛扒要拍松拍匀，薄厚要一致，形状要美观。

英式西餐

French Cuisine

土豆牛扒
potato beef steak

原　料

菲力牛扒150g、红酒10g、圆葱碎、西芹碎、胡萝卜碎、玉米粒各5g、土豆块28g。

调　料

盐2g、黑胡椒粉0.3g、橄榄油15g、番茄沙司10g、俄力冈1g、牛高汤适量、奶油10g、香叶1片。

制　法

把菲力牛扒拍松，用圆葱碎、西芹碎、胡萝卜碎、俄力冈、黑胡椒粉、盐，腌制后用煎盘煎至两面上色取出备用。煎盘放入奶油、放圆葱碎、西芹碎、胡萝卜碎、玉米粒、土豆块、香叶等炒出香味，再放煎好的牛扒、牛高汤、番茄沙司，最后用盐、黑胡椒粉调味，用小火煨熟牛肉装盘。

厨艺经验

煎熟调味后的牛扒，要用小火慢慢焖至入味。

英式西餐

French Cuisine

胡萝卜焖牛肉饼
carrot to brew beef ball

原　料

牛肉馅160g、圆葱碎、西芹碎各5g、玉米粒10g、胡萝卜30g、口蘑20g、鸡肉高汤适量、鸡蛋1个。

调　料

盐2g、胡椒粉0.3g、奶油10g、蕃茄沙司10g、橄榄油20g。

制　法

将牛肉馅加盐、胡椒粉、鸡蛋、圆葱碎、奶油、西芹碎搅拌均匀成馅。然后做成牛肉饼煎制成六分熟。锅中放入橄榄油烧热，加入圆葱碎、西芹碎、玉米粒、胡萝卜、口蘑、鸡肉高汤、蕃茄沙司，再放入煎好的牛肉饼，最后用盐、胡椒粉调味，用小火焖制15分钟即可食用。

厨艺经验

汤汁浓香，牛肉饼肉嫩。

英式西餐

French Cuisine

鲍鱼蛋饼
salted fish egg cake

原 料

鸡蛋1个、圆葱碎、西芹碎各5g、小茴香碎10g、鲍鱼2只、鱼高汤适量。

调 料

盐2g、白胡椒粉0.3g、奶油10g、香叶1片、橄榄油50g。

制 法

先将橄榄油倒入煎盘中，待油热时把鸡蛋煎熟放在盘子中。把鲍鱼用鱼高汤煮熟放在盘子边上。锅中放入奶油、圆葱碎、西芹碎，炒出香味后加入鱼高汤、小茴香碎、香叶小火炖制，最后加入盐、白胡椒粉调味，倒入盘中即可。

厨艺经验

煎蛋时要掌握好火候，保持蛋的嫩度。